本を読めなくなった人のための読書論

若松英輔

AKISHOBO

本を読めなくなった人のための読書論

はじめに――読書という不思議な出来事

もうずいぶん前のことですが、「最近、本を読まなくなった」とふと感じることがありました。しかし心のどこかでは同時に、「読まなく」なったのではなく、「読めなく」なっている自分に気がついてもいました。

それまで、あまり本を読まなかったわけではありません。比較的よく読む方だったと思います。本を買うのも好きでした。まだ、自分の本を出す前のことで、育児用品と介護用品のメーカーで営業マンをしていました。これといった趣味もなく、読書が楽しみだったといってもいいくらいの生活だったのです。何よりも批評家として、いつか自分の本を世に送り出したいという強い願望がありました。

でも、本のページを開く気になれない。仮に開いたとしても、文字は眼に映るだけで心に落ちてこないのです。

文字を眼で追うことはできるし、書かれている内容も理解できる。でも、まったく手応えがない。言葉に見棄てられたような感じがしました。連絡をしても返事がこない、そんな人との関係のように言葉が遠く感じられました。

当時は、仕事に追われていました。文字通り忙殺《ぼうさつ》されていたのです。日々、いろんな人にも会い、ほとんどの時間を打ち合わせに割《さ》いていました。時間をどんなに費やしても終わりが見えない。家に帰るのも深夜になることが少なくありませんでした。

こういうときに人は、気がつかないうちに身近な人に大きな無理を強いていることがあります。もちろん私も例外ではありませんでした。大切な人だけでなく、言葉という自分にとってもっとも近しい存在との関係も悪くなっていました。

もう一つ、「ひとり」の時間が決定的に不足していました。ひとりになって、自分と向き合うのを忘れていました。むしろ、恐れていたのだとも思います。

仕事に没頭するのは悪いことじゃない。むしろ、いいことだ。今は、わき目もふらず走る時期だ、そう思い込んでいました。

今から考えると、そんなときにも、ふと、それは違うのかもしれない、という思いが心をよぎることがあったのです。このままではいけない、という無音の促《うなが》しが、どこからか聞こえてくるのです。でも、走るのは止めませんでした。そうした内なる声を聞くのがいやだったのだと思います。

人生にはさまざまな「気づき」があります。誰かと話し合うなかでしか感じられないこともありますが、ひとりのときにしか気がつけないこともあります。

対話は大切です。誰かと話すことは独りよがりな考えを改めてくれます。しかし、それとは別に「ひとり」になってみないと分からないこともあります。

奇妙に聞こえるかもしれませんが、読書は、「ひとり」であることと、対話が同時に実現している、とても不思議な出来事なのです。

「読む」とは、「ひとり」であるところに始まる、言葉を通じて行う無音の対話なのです。

ですから、私たちは本から聞こえてくる「声」を受け入れる準備をしなくてはなりません。

ある人は、とても大切なことを小さな声で語るかもしれません。何も言わないで、沈黙のなかから何かを感じ取ってほしい、そう言うかもしれないのです。

index

第1章 待つ読書……11

第2章

第3章 本と出会う

第1章

待つ読書

① 読書は対話

「対話」と呼ぶべき出来事が起こるときには、あるいは「対話」であるためには、いくつかの条件があります。

- **偶然であること**——何かを準備したから起こるのではなく、偶然から「対話」になることが多い。
- **突然に起こること**——何のまえぶれもなく、重要な出来事が起こることがある。

- **一回しか起きない**――二度、同じ「対話」を繰り返すことはできない。
- **持続的に深化する**――対話は、ゆっくり時間をかけて深まっていく。

これらはすべて読書にもいえることです。こうして書いてみると明らかなように、読書は、対話であると同時に、ある種の冒険でもあります。ですから、あまり準備をしても意味がない場合があります。

打ち合わせと対話は違います。打ち合わせに準備は不可欠です。それは決まった日時に行われます。そして、打ち合わせは効率的な方がよい。

しかし、読書という「対話」に求められるのは、まるで反対のことなのです。効率的な「対話」はありませんし、効率を求めることは、しばしば対話の誕生の邪魔をします。

打ち合わせの場合は、話し合うべきことは事前に決まっています。しかし、対話は違います。

向き合っている開かれた二つの心のあいだに、何が行き交うのかは誰も知りません。いつ何が起こるかも分からないのです。

そして、何よりもほんとうに対話を実現したいと思うとき、相手が話し始めるのを待たなくてはならないことがあります。私たちは、早く話させようとしても、相手の心は動かないことを経験的に知っています。

「待つ」ことが対話において、もっとも大切な営みであることを知っています。

二十世紀フランスを代表する哲学者にアンリ・ベルグソンという人物がいます。彼は「時間」とは何かを考え、独創的な仕事を残しました。「待つ」ということをめぐって次のように述べています。

> 砂糖水が作りたいと思ったとする。その場合、私が何をしようと、砂糖が水に溶けるまで待たねばならぬ。このささやかな事実が、大きな教訓だ
>
> （小林秀雄訳『感想』より）

「私が何をしようと」という一節は、印象的です。単純な事実ですが、とても大切なことです。「待つ」という行為は、私たちが日ごろ感じているよりもずっと、本質的かつ創造的な営みだというのです。

これは読書の秘密を考えるときにも重要な助言になります。本が読めなくなっているとき、私たちは今まで出会ったことのない何かの訪れを「待って」いるのかもしれないのです。

ずっと黙っていた人が、突然人生の秘密を語り始めることがあるように、見慣れた文字の奥に、人生を深みから照らすような意味を感じることがあります。

重要な告白は、むずかしい言葉で告げられることは少ないのではないでしょうか。むしろ、平凡な言葉が、とても大きな意味をもって迫ってくることもあります。

こうしたときにこそ、これまで「待って」いたのは、この一言を聞くための準備だった、そう感じるような出会いに遭遇しているのです。

本を読む人が心を閉ざしたままでは、「小さな声」は聞き取れません。「効率」という考え方を忘れ、読む人が心を開いたとき、書物もまた、何かを語り始めるのです。

② 読めないときは、読まなくてもよい

世の中には、読書法について書かれた本が多くあります。それらの多くは、どうしたら効率よく本が読めるか、無駄のない読書とは何か、あるいは何を読むべきかをめぐって書かれています。そして、それらは、読書が好きな人に、もっと好きになってもらうための本である場合が多いようです。

しかし、この本の目的はまったく違います。本が読めなくなったことのある人、あるいは、今、まさに本が読めなくなっ

ている人のための読書論です。

本が読めなくなっているのですから、読むべき本をすすめることは、あまり意味がありません。それは過酷なことを強いる結果になりかねないからです。

結論めいたことをいいますが、本が読めないときは無理して読まなくてもよいのです。ただ、読みたいのに読めないのであれば、読めるようになるのは悪いことではありません。

この本で考えてみたいのは、効率的な読書法ではなく、読みたいのに、読めなくなった理由とその壁を乗り越える方法です。

そこでまず、感じ直してみたいのは、どう読むか、何を読むかよりも、「読む」とは何か、という問題なのです。

「読む」とは何かが分からないのに、どう読むか、あるいは、何を読むべきかを考えても、よい考えにたどり着くのはむずかしいかもしれません。

どのくらい本を読むかという調査があります。そのほとんどは、月に何冊の本を読むのかという設問になっています。多くの本を読むのがよい、ということなのでしょう。ここには、多くの本にふれていれば、何かが起こるという前提があるのだと思います。

そうかと思えば、もし、無人島に一冊しか本をもっていけないとしたら何をもっていくか、という質問もあります。

最初の質問は、読書量に関する問題ですが、次の質問はまったく異なることが問われています。その人にとって「読書」とはどのような経験だったのか、あるいはその人が読書によって何を見出したのかが尋《たず》ねられています。

何冊読むかという質問は、無意味ではありませんが、さほど大きな意味もありません。ほかの人が月に何冊本を読んでいようが、関係がありません。

人が月に何個のパンを食べるのかを気にする人は少ないと思います。パンはあまり好きではないから食べない、という人がいても、別に不思議には感じません。そうだとしたら、どうしてそんなに読書量を気にするのでしょう。

それは、読書とは知識量をふやすためのものである、と思い込んでいるからではないでしょうか。

いつからか私たちは、本を読む目的の中心に知識を蓄えることを置くようになったのかもしれません。もちろん、それも本を読む意味の一つです。しかし、読書には、量を競うようなところで終わらない可能性が潜んでいます。

楽しみのために本を読むこともあれば、何か未知なるものとの出会いを願って本を読むこともあります。ある人は、話題になっているからということで本を手にとるかもしれません。

人が何を、どう、どれくらい読んでいるかを気にする必要はありません。それはその人と読書の関係なのです。他者と比べる習慣から自由になることができれば、問題の半分は解決できたようなものです。

③「正しい」読み方など存在しない

もちろん、多くの本を読めば、多くのことを知り得る可能性はあります。

しかし、そもそも私たちはそんなに多くのことを知らなくてはならないのでしょうか。私は、日ごろは本など読まないけれど、しっかりとした人生観をもっている人を何人も知っています。

問題は、読む人が、その本に何を見つけるかです。世の中には「正しい」読書というものは存在しません。無数の、さまざまな読書があるだけです。

学校や受験勉強などを通じて私たちは、どこかで「正しく」読まなくてはならないと思い込まされてきました。

世の中には「正しい」絵画の見方、「正しい」音楽の聴き方をめぐって本を書く人もいるかもしれません。しかし、何を「正しい」とするかは、じつにあいまいです。それは「読書」についても同様です。

書店に行って確かめられるだけでも無数の「正しい」読み方をめぐる本があります。しかし、それはその人が「正しい」と感じているというだけで、誰にとっても「正しい」読み方ではないかもしれません。

そもそも、この世の中にほんとうに「正しい」本の読み方など存在するのでしょうか。

文字の「正しい」読み方はあります。しかし、本の「正しい」読み方は存在しません。

もし、あなたが自分は本を「正しく」読めていないのではないか、と不安になるなら、そのことを忘れることから始めてみましょう。

むしろ、こういう方がよいのかもしれません。誰もが自分の読み方が正しくないのではないかという不安を抱えながら本を読んでいる。

あなただけが心配しているのではないのです。誰もがそう感じているのですから、自分を特別視する必要はありません。

この本で考えてみたいと思っている読書は、「情報」を入手することで終わる読書ではなく、「経験」としての読書です。生活のための読書ではなく、人生のための読書です。

「生活」をしているとき、私たちは自分に必要な「情報」に反応します。このことは知っておいた方がよい。知らないと損をする、という意識で世の中を見ています。

しかし、「経験」は別です。必要な「経験」は、人によってまったく異なるからです。そして、その「経験」はしばしば、内なる声の導きによって始まります。

不思議に聞こえるかもしれませんが、出会うべくして出会った本が教えてくれるのは、「ほんとうに必要なものは、すでに私たちのなかにあって、私たちはそれを見過ごしているだけだ」という現実なのです。

出会うべくして出会った言葉が、私たちにもたらしてくれるのは、新しい「情報」というよりも、すでに心のなかにあるのに、私たちが見過ごしてしまっている何かなのです。

この本を通じて考えてみたいのは、どのようにしたら多くのことを知ることができるかではありません。むしろ、私たちはどれほど豊かなものを、それぞれの内面に宿しているか、なのです。

どうしたら一つ一つの言葉に、かけがえのない、たしかな意味を感じることができるかです。

人生のなかで何度か訪れる、本を読めなくなった時間と、どう向き合うのか。まず、その「読めない時間」が、私たちに何を伝えようとしているのかを感じ直すことから始めてみましょう。

④ ひとりの時間

現代では、人と会わなくてもすぐに思いを伝えられます。今、飛行機のなかでこの原稿を書いていますが、この瞬間にメールで送ることも可能です。

インターネットのない時代、私たちはもっと本を読んでいました。しかし、こうした表現はあまり的を射《い》ていないのかもしれません。より精確に言えばインターネットのない時代、私たちはもっと「ひとり」の時間の過ごし方をよく知っていました。

この本を読んでいるあなたは、「ひとり」です。もしかしたら、無意識にひとりの時間を取り戻そうとしているのかもしれません。

ほんとうに本を読みたいのであれば、よい本を手にするだけでなく、ひとりの時間を確保しなくてはなりません。

ひとりの時間の過ごし方を身につけることと、本を読むことは別なことではありません。

ひとりの時間を作るとは、孤独の時間を生み出すことです。

孤独という言葉は、いつしかあまりよくない、できればない方がよいものと思われるようになってきました。

しかし、その一方で私たちは、ひとりになりたい、と感じることも少なくないのです。ひとりで考えてみたいことがある。ほかの人といると疲れると感じることもあります。

こんなとき、メールやSNSを開いてしまったら、私たちはもう「ひとり」ではありません。むしろ、世界にいる無数の人と瞬時につながってしまいます。

現代科学は、広く、多くの人と、早くつながる技術の開発に成功しました。そのことによって世界のあり方は、すっかり変わりました。

そのおかげで、私たちは、ひとりで、一つの場所を、深く掘る方法を忘れてしまったのかもしれません。使わない能力は退化していきます。しかし、それは失われたわけではありません。いわば冬眠しているのです。

この本を読んでいるあなたの「読む」ちからも、そんな状態なのかもしれないのです。睡眠が心身の治癒に不可欠なように、本を読めない時間も必要だった可能性もあります。

眠っている人を急に起こしても、いいことがないように、眠っているちからを目覚めさせるときも、少しずつゆっくりやっていく方が賢明です。

まず、私たちは「読む」ちからを取り戻す前に「ひとり」でいることに快適さを感じる感覚を取り戻さなくてはなりません。苦痛であるときは、それを進んで行うことはないからです。

「読む」こと以外にも、ひとりでなくてはうまくいかない営みがあります。それは「書く」ことです。

不思議に感じられるかもしれませんが、「読む」ことと「書く」ことはとても近い関係にあります。近いだけでなく、それぞれを補い合う関係にあります。

本を読めないとき、無理に読もうとしてもなかなかうまくいきません。そんなときは書くことから始めるとよいかもしれません。そうやって、ひとたび離れた読書との関係を取り戻していった人を私は、何人も知っています。

「読む」ことと「書く」ことは呼吸のような関係です。読めなくなっているのは、吐き出したい思いが、胸にいっぱいたまっているからかもしれません。

息を深く吐けば、自然に深く吸えるようになります。気分が落ち着かないとき、深呼吸をすると、ふと視界が開けるように感じることもあります。このことは「読む」ことと「書く」ことのあいだにも起こります。

もう一度「読む」ことを始めるために準備していただきたいのは、誰かがすすめた「ため」になる本ではなくて、何も書いていないノートと使い慣れたペンや鉛筆なのです。

5 「書く」ことから始める「読書」

うまく書く必要はありません。長く書く必要もないのです。作品を生み出す必要もありません。ただ、自分のおもいをそのままに書くのです。五十文字でも百文字でもかまいません。

三日間――三日坊主でかまいません――自分が感じていることを、なるべくそのまま文章にしてみてください。

もし、何も書けないときは、「書けない」「何も書くことが見つからない」「こんなことを書いて、ほんとうに本が読めるようになるのだろうか」などでもよいのです。

しばらくすると、考えもしなかったことを書き始めるはずです。

そうしたことが起こり始めたらもう大丈夫です。毎日ではなくてよいので、ゆっくり「書く」ことになれていってください。

「読む人」にだけなろうとしたところに無理があったのです。子どもの頃、私たちはもっと書いていました。しかし、大人になるにつれ、「うまく」できないことはやらなくなっていきます。

すると、やっていないだけなのに勝手に「苦手」だと思い込むようになります。

世の中には書くのが苦手だと思っている人は少なくありません。しかし、書けない人はいません。さらにいえば、ほんとうに書きたくないと思っている人もいないように思います。「うまく」書く必要はない。ただ、書けばよいのです。ほかの誰にも見られることはありません。少しずつ、内なる「書く人」を目覚めさせていきましょう。

読む人と書く人が同時に働くとき、私たちは、読むだけの人の眼にはけっして映ることのない、新しい意味を感じ始めます。

たとえば、それぞれの言葉に七つの意味の層（次のページの図）があるとします。一番上は、読む人の眼に映る第一の層、

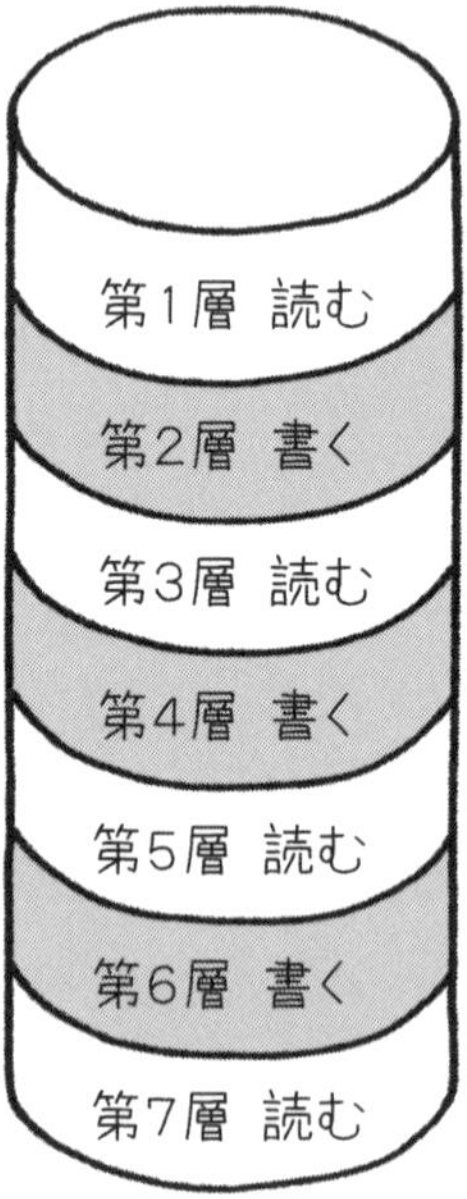

図　意味の七つの層

二つ目は書く人の眼に映る第一の層、そして三つ目が読む人の眼に映る第二の層、四つ目が書く人の眼に映る第二の層といったように、意味は、私たちのなかの「読む人」と「書く人」の眼にそれぞれ交互に映っていくのです。

読めなかったのは、本が嫌いになったからでも、本がむずかしく感じられたからでもないのです。折り重なる意味が、よく見えなくなっていたのです。

ふりかえってみると私自身も、本を読めなくなったとき、ほとんど無意識に始めていたのは「書く」ことでした。自分の大切な人に手紙を書いていたのです。メールもありましたが、あえて手で書いていました。

手紙を書きながら私は、ある不思議な感覚に包まれていました。どんなに多くの言葉をつむぎだしても自分の心のなかにあるものを伝えることはできない。むしろ、書けば書くほど、伝えられないものが心のなかで大きくなっていくようにすら思えてきたのです。

その手紙を送った相手と出会ったことで私は、その人への理解を深めるだけでなく、自分を理解し始めていることに気がついていたのです。

あなたが、私をほんとうの「わたし」にしてくれた。あなたは、私のいちばん大切な人であるだけでなく、私よりも私の近くにいる人だということを伝えたい、そう思ったのです。

書くとは、思いを相手に伝えることでもありますが、自分のなかにあって、自分でも気がつかない思いを感じ直してみることです。

この思いは今も変わりません。むしろ、いっそう強くそう感じています。

書くという経験でもっとも重要なのは、「うまい」文章を書き上げることよりも、自分という存在を感じ直してみることなのです。むしろ、「うまく」書こうとしたとき、自分の心をよく感じられないことも分かってきました。

「うまく」書こうとする気持ちが、心の深みへと通じる扉を見えなくしてしまうのです。

⑥ 本は、全部読まなくてよい

本は、一冊すべてを読まなくてはならない。全部を読んだのでなければ「読んだ」といえない。そう思っている人は少なくないのではないでしょうか。読めなくなっていた時期、私もこのことに苦しみました。

十二の短編のうち、一つなら読めるが全部は読めない。二百ページの本の三十ページは読めるけど、それ以上は進まない。そんなことを繰り返していました。

多くの食べ物を頼んでおいて、そのほとんどを残すように感じているのですから、罪悪感のようなものを覚えるのも自然なことです。

しかし、結論からいうと、それでもよいのです。全部読んでもよいし、読まなくてもよいのです。大切なのは、言葉に出会い、言葉を糧《かて》とできるかどうかであって、多く読むことではありません。大切なのは「たしか」に読むことです。

「言《こと》の葉《は》」という文字が暗示しているように「言葉」のはたらきは、植物とほんとうによく似ています。

食べ物が私たちの身体の糧であるように、言葉は私たちの心の糧です。

ほんのわずかな薬が崩していた体調を整えることがあるよう

に、小さな言葉が、私たちの心に火を灯《とも》すこともあります。

しかし、食べ物と言葉がいちばん異なる点は、食べ物には「賞味期限」があるのに対し、言葉にはまったくといってよいほどないことです。

食べ残しがよくないのは、捨てるほかないからです。しかし、言葉は違います。言葉は朽《く》ちることがないのです。

一皿の料理は、その日のうちに食べなくてはならないのかもしれません。しかし、私たちは一冊の本を何年もの月日を費やして読んでもよいのです。ある種の本の場合はむしろ、その方がよいのかもしれないのです。

どんなに高価な、よい薬草でも分量を誤れば毒になります。薬草は、人によって必要な分量は違います。

ある人は、それを毎日服用しなくてはならないかもしれませんが、ある人は一度で十分かもしれません。

全部読まなくてよい、というのなら、一行でもよいのか、と思う人がいるかもしれません。もし、そう尋ねられたら、自信をもって、それでまったく問題がないと答えます。

ドストエフスキーというロシアの作家が書いた『罪と罰』という長編小説があります。この小説にはいくつも印象的な言葉がありますが、この作家の言葉を契機にして別の印象的な言葉を書く人も出てきました。私は次のような一節にめぐり逢ったときのことを今でもはっきり覚えています。

> この小説がひとたび読書界に提供されるやいなや、読者

たちはそのことばかり語りあった。大抵の人がこの小説の、人を圧迫するような力や、重苦しい感銘について語りあった。これらの圧迫と苦しさのために健全な神経をもっている人々でさえ打たれて病気のようになるし、弱い神経をもった人間は、それを読むのを余儀なく中止しなくてならなかった。

（中村白葉訳「解題」『罪と罰』第一巻・岩波文庫）

この言葉はドストエフスキー自身の言葉ではありません。この作家の伝記を書いたストラーホフという人物が書いたものです。

この小説を読むのには、人生の時機がある。読める人には読めるが、時機が整わない人は読み進めることができないだろう、というのです。

　事実、私はこのとき、この小説を読み進めることができなくなってしまいました。十七歳になったばかりの頃だったと思います。

　読めなかった私は、この作家と縁がなかったのではありません。むしろ、「読めない」という経験を通じて、この作家と決定的な縁ができたといってもよいくらいです。

　多くの本を読むのも素晴らしい経験です。しかし、ほんとうに「読めない」本に出会うこともまた、それに勝るとも劣らない重要な出来事なのです。

⑦ 本は、最初から読まなくてもよい

あわてているとき、私たちは机の上にあるものを見つけられないことがあります。目の前にあるのに気がつかないのです。ですが、一つ深呼吸をして、少し眼を閉じてみると、探し物が視界に入ってきます。

このことは「読む」ことにもいえます。

読まなくてはならないと思って本を読むとき、私たちは大切なものを見失っている可能性があります。読もうと思っているものしか感じられなくなっているかもしれないのです。

まず、あせるのをやめましょう。それはあせっても意味がないだけでなく、あせることが「読める」ようになることを邪魔するからです。

少なくとも読むことにおいて、速くできるようになることは、ほとんど意味がありません。

むしろ、時間をかけて「たしか」にできるようになることだけが大切で、速くできてもよいことはほとんどありません。

言葉は、多く読むことよりも、深く感じることの方に圧倒的な意味があるからです。

美術館に行くと多くの作品が並べられています。どの順番で見るかによって、感じることは変わってきます。美術館の学芸員は、作品選びだけでなく、陳列の順番を決めるのにも心血を注ぎます。順序や空間を整えることでそこに「物語」を生み出そうとするのです。

それはまるで小説の短編集のようです。作家も編集者も並べる順序を決めるのに頭をひねります。

多くの人は短編集の場合、並べられた順に読んでいくのではないでしょうか。

しかし、絵を見るときはどうでしょう。大胆に自分で順序を組み換え、自由に見ているのではないでしょうか。私はそうです。

美術館が混んでいれば、空いている場所から見始めます。そして、案内をほとんど見ないまま、絵画であれば、「今日の一枚」、彫刻や仏像などであれば「今日の作品」を見つけます。今、私にとって絵を見るとは、誰かが決めた順序で、すべての作品にふれることよりも、「今日の一枚」に出会うことだからです。

もちろん、「今日の一枚」は、「一枚」ではなく、複数である場合もあります。その展覧会全体の空気を全身に浴びるように感じることもあります。しかし、「全部」見たかどうかは、ほとんど関心がありません。

仮に全部を見ることにエネルギーを用いたとしたら、私は「今日の一枚」に出会えないかもしれません。私の場合は短編集も同じです。自由なところから読み始めます。

誤解がないように書いておきますが、私は、学芸員や編集者の仕事に意味がない、と考えているのではありません。むしろ、たいへん敬意をもっています。

こうした私の自由な読書や絵画との出会いを支えているのは、編集者や学芸員の緻密な仕事なのです。しっかりした基盤があるからこそ、私たちは自由にそれと向き合えるのです。

ここでも考えてみたいのは、先にもふれた「量」と「質」の問題です。

全部見る、というのは量的な問題です。ですが、「今日の一枚」との出会いは質的な出来事です。もちろん、全部見ることによって感じられる「質」もあります。しかし、全部を見ることで薄まってしまう場合もあるのです。

美術館に入って、すぐのところで眼にした一枚の絵に心を打たれて、その作品だけを見て帰ってきたという人を知っています。この人にとって、最初に眼に入った絵は、本でいえば、第一章であるとともに最終章でもありました。

彼は、この日、それ以上絵を見ないことで彼自身の「物語」を作ったのです。私自身は美術館でそこまでの経験はありませんが、本では日常的に経験しています。

心をふるわせるような言葉に出会ったら、先を読むのを止め、そこで立ち止まってみる。そうすることで、一気に「全部」を順序立って読むのとはまったく別な感動を得ることができるのです。

第1章を実践するための10のポイント

☑ 読書は、時空を超えた対話。読むべき本との出会いを焦らずに「待つ」。読み手が心を開いたとき、書物も何かを語り始める。

☑ 読めない時期にも意味がある。「読めない」ことの創造的な意味を考える。

☑ 何を読むかではなく、「読む」とは何かを考える。

☑「正しい」読書ではなく、今、自分が読み取れるものを大切にする「わたしの読書」を実践する。

☑情報を集める読書ではなく、「経験」となる読書を大切にする。

☑まず、「ひとり」の時間を確保する。そして、「ひとり」の時間の快適さを実感することから始める。

☑「読む」と「書く」は呼吸の関係。よく吸う（読む）

ためには、よく吐く（書く）ことが重要。

☑「読む」感覚を取り戻す最初のステップは、自分にあった本を探すことではなく、素朴な言葉で、自分のおもいを書いてみること。

☑読書は「量」ではなく、「質」を追求する。むやみに多くの本を読もうとしないこと。

☑本は、全部読まなくてよい。「たしか」に出会った言葉を大切にする。

第2章

言葉と出会う

① 図書館へ行く

本を読むという行為は、とても肉感的な営みです。本という一定の重みがある「物」があり、そのページを一ページずつめくっていく。あるときは線を引いたり、付箋《ふせん》を付けたりしていきます。

長い時間を費やして読んだ本は、さまざまな生活シーンを共にしますから、何ともよい感じで古びていきます。

こうなってくると、その本はどこにでもある物体ではなく、何か生き物のようにも感じられます。

これはもちろん、比喩なのですが、単なる比喩に終わらない何かがここにあるのも事実です。

本は、作者に書かれただけではいのちを帯びることはありません。まだ、種子のような状態です。それは、読まれることによって育ち、開花していくのです。

図書館にある本の多くは、すでに誰かによって読まれたものです。それは種子ではなく、萌芽《ほうが》のものもあれば、若葉を茂らせているものもあり、あるものは大樹のようにたくましく育っています。

本を読むことは、本を育てることでもあります。ですが、いきなり種を渡されてもうまくいきません。図書館で本を借りるのは、ちょうど花屋さんで切り花を買ってくるようなものです。それらは、自分の家に根を張ることはないのですが、ある期間、彩りのある生活を私たちに提供してくれます。そして、花は枯れても、花を美しいと感じた気持ちは消えないように、本が手元からなくなっても言葉と出会った記憶は鮮明に残ります。

読めないときは、本と共にある生活という感覚が忘れられている時期だともいえます。それは植物と共にある生活を忘れているのと似ています。まずは、無理なく生活感覚を取り戻していくことです。

どんなに良い本を与えられても、生活のなかでそれが用いられなければ生きたものにはなりません。

あいにく、私は料理がほとんどできません。ですから、どんなに美味な食材をもらっても、それらを十分に用いることができません。

さいわい、この本をいっしょに作っている編集者が料理に長けた人でもあるので、私の場合、いただいても彼のような友人の手に渡ることになります。

しかし、美味しいそば、美味しいうどんということであれば、ゆでるくらいのことはできますから、喜んでいただきます。それは料理がほとんどできない私の生活にも根付いているからです。

簡単な料理と同じように、自分の生活に活かすことのできる本との出会いが必要なのです。どんなによく知られた本でも、そのとき、その人に合わなければ意味はありません。

読書感覚を取り戻す最初の段階で、もっとも便利な、そして有効な場所が図書館なのです。私たちはそこにある本のほとんどを無料で借りることができます。自分に合うかどうか分からない本でも、安心して手にすることができます。

そして、図書館には司書という本の専門家がいます。

多くの人は、図書館では自分で本を探します。最近ではどこの図書館にも検索用コンピューターがあって、作家の名前や作品名を入れると置かれている棚番号が表示されます。読みたい本が分かっている人はこの方法で大丈夫です。

しかし、読めない人の多くは、自分に合う本が何であるかが分からなくなっている状態です。こうしたとき、検索用の端末は、ほとんど役に立ちません。このとき私たちが頼りにしたいのが図書館司書です。

司書の皆さんは、本の専門家であるだけでなく、読書の専門家でもあります。そして、相談されるのを待っています。本を読めなくなったことを素直に伝え、自分の興味や関心、気分などを話してもよいかもしれません。

最初からはうまくいかないかもしれませんが、こうした相談を何度か繰り返しているうちに、きっと今を照らす一冊に出会えます。

この一冊に出会えたらもう、司書の方に何を読むべきかを相談することはなくなるかもしれません。今を照らす一冊は、必ず、次に読むべき本を静かに告げてくれるからです。本が本を呼ぶのです。しばらくすると、あなたはきっとこういうはずです。

「読みたい本が、こんなにあるのに時間がない」

② 素朴な本に出会う

本は、何を読むかが大切なのはいうまでもありません。しかし、さらに重要なのは「いつ」読むかなのです。どんなに有益な言葉でも、時機を誤れば、逆効果になることも少なくありません。

良書とされているものだからといって、いつ、誰が読んでも素晴らしいわけではないのです。読むべきときに読むべきものが読めたとき、私たちはほんの数行でも、あるいは、たった一つの言葉によってでも人生を変えられる、という経験に遭遇します。

このことも食べ物との関係とよく似ています。私たちがあるものを食べてほんとうに美味しいと感じるのは、それを食べるべきときに食べられたときです。

朝、目覚めたばかりなら、コーヒーか紅茶とパンと少量の果物があれば十分です。そして、私なら紅茶はいつも同じものを、パンは数種のものを交互に、果物はバナナのような簡単に食べられて、早くエネルギーに変わるものがあればそれで満足です。

こんなときに手の込んだ料理をテーブルいっぱいに出されても困ります。からだの準備が整っていないからです。

通常、私たちはいつ、何を食べるべきかをあまり人に尋《たず》ねません。食べたいものを食べます。

しかし、現代では選択肢があまりに多くなって、「食べる」ことの意味が、見えなくなってきているのも事実です。食べたいものを食べ続けたために体調を崩すのです。

空腹を満たす食べ物を見つけるのはむずかしくありません。しかし、からだの糧になるような食事とは何かが見失われ始めています。

「食べる」という基本的な営みにおいてすら、こうした状況なのですから、どんな本を読み、どんな言葉に出会うべきかが分からなくなっても不思議はありません。

どんな本が、いつ自分に必要なのかが分からない。そう感じているのは、あなただけではありません。本を読めなくなった人のほとんどはそう感じているはずです。もう気づいていると思いますが、私たちは本の選択肢が少なくて、読むべきものを見つけられないのではありません。むしろ、選択肢が多すぎるのです。

本が、あまりに多くなったから読めなくなった、ということに気がつくと気持ちが楽になると思います。

もう一度、素朴な言葉が書かれたものから始めましょう。日常の言葉、素朴な言葉によって書かれた本を求めて図書館を――あるいは書店を――歩いてみましょう。

そして、もし、どこに行ったらよいのかが分からない、というならば、これまで行かなかったコーナーに行ってみましょう。私がおすすめしたいのは、童話と詩のコーナーです。童話と詩は、その底で深くつながっていることを教えてくれる人がいます。童話と詩の二つで歴史に名前を残している人です。

そうしたひとりは、「銀河鉄道の夜」や妹との死別を歌った詩「永訣《えいけつ》の朝」で知られる宮澤賢治です。もう一人、現代日本を代表する詩人である谷川俊太郎は、多くの絵本の翻訳を通じて、童話を大人の読み物にしてくれました。

大きな文字で書かれた、薄い本を探しましょう。図書館であれば、一冊ではなく、数冊を持ち帰ってみましょう。そして、全部を読むのではなく、読みたいところから読みたい分だけ読みましょう。

何ページ読む、何冊読むということはまったく問題ではありません。今、私たちは、初めて泳ぎを教わっている子どものようなものです。

これから泳ごうとするとき大切なのは、泳げる距離ではなく「水」との関係です。それと同じように、「読む」ときに大切なのは、言葉との関係なのです。

まずは、時間をかけて、ゆっくりと言葉との関係を整え直していきましょう。繰り返しますが、あせりは禁物です。

誰もあなたを見ていません。そして、失敗ということはないのです。私たちに求められているのは、速く、多く言葉を読むことではありません。今、ほんとうに必要なコトバに出会うことなのです。

③ 言葉とコトバ——もう一つの言葉を読む

さて、この本では「ことば」を表わすときに二つの異なる文字を使います。

私たちが日ごろ用いている、文字や声、いわゆる言語としての「ことば」を示すときは「言葉」と漢字で書きます。

しかし、私たちは、言葉だけで意味を感じているのではありません。話すときもあえて言わないことで、沈黙によって自分の思いを伝えることもあります。こうしたとき、沈黙は、言葉よりも力強くはたらくもう一つの「コトバ」になります。言葉の姿をしていない意味のあらわれ、それをここでは「コトバ」と書くことにします。

画家にとって、色や線はコトバです。音楽家にとって旋律はコトバです。彫刻家にとってはかたちがコトバであり、舞踏家にとってはからだの動きがコトバです。小説家や詩人たちは、言葉だけでなく、文章のなかに豊かな不可視な「意味」というコトバによって表現している人たちだといえます。

言葉――より精確には見えないコトバと共にある言葉――は、人の見方や考え方を変えるちからをもっているだけではありません。ときとして世界そのものの意味を変革させるほどの威力をもっています。

何かを変えるちからは、言葉の本性の一つですが、それはある種の目覚めのような出来事ばかりではありません。私たちの心のなかでゆっくりとはたらき始め、長い時間をかけて育っていきます。

その言葉に出会ったときは、この一語が自分の人生を変えることになるとは思わなかった。しかし、振り返ってみると、あのとき人生はすでに変化し始めていた、ということに気がつくこともあるのです。

出会いはすでに起こっていても、それを「出会い」であると認識できるとは限りません。それは読書においても同じです。この本が自分の人生の一冊であることに気がつくのは、二度目にそれを読んだときかもしれません。

しかし、そのためには、あまりよく分からない一度目の読書を経験しなくてはならないのです。

ある日、自宅マンションの前で、建物を眺めつつ、文字通り茫然と立ち尽くしている初老の男性がいました。一見して、この人物が、短くない時間、こうして立っているのが分かる様子でした。

日ごろ、他人に声をかけることなどまったくしないのですが、このときばかりはそうせずにはいられないと思い、「どうかなさいましたか」と尋ねてみたのです。

近くで見ると、男性の眼は涙でいっぱいでした。

数秒ほどの沈黙があって、この男性は自分がここにいる理由を話し始めました。

「十年ほど前、私はここに暮らしていました。伴侶《はんりょ》もいっしょです。昨年、妻が亡くなりました。今、妻と生きた場所をゆっくりと尋ね歩いているのです。そうすると、当時は分からなかったことが、ありありと分かってきます。私はほんとうに幸せでした。でも、それがそのときには分からなかったのです」

この男性にとって、大切な人との生活の跡《あと》を訪ねることは、世界という「書物」を「読み直す」ことにほかならなかったのです。

十七世紀のフランスに生きたデカルトという哲学者がいます。彼は、この世界は、コトバで書かれた大きな「書物」だと考えていました。生きるとは、さまざまなコトバによって世界の秘密を読み解くことにほかならないというのです。

本を読めなかったとき、私は自分に必要なものを自分の外に探していました。しかし今は、そのほとんど――おそらく、本質的な意味ではそのすべて――は、私たちのなかにもともとあった何かだと感じています。

あの日、私が出会った男性も、自分にとって大切なものは、これからやってくる何かなのではなく、すでに自分のなかにあることに気がついたのだと思います。

同質のことは、読書においても起こります。「読む」とは、今日まで生きてきた、すべての経験を通じて、そのときの自分を照らす一つの言葉に出会うことにほかなりません。

読書とは、印刷された文字の奥に、意味の光を感じてみようとすることなのです。読書とは、自分以外の人の書いた言葉を扉にして、未知なる自分に出会うことなのです。

④ 見えない文字を読む

読書は、心の糧を摂《と》りいれる営みでもありますが、旅のようなものでもあります。旅に必要なものは、やはり読書にも必要なのです。ともに大切なのは、予定や目的を詰め込みすぎて、あまり無茶をしないことです。

今、私たちは、自分の部屋を少し出て、慣れ親しんだ街で、図書館を目指してゆっくり散歩をしている、そんな感じをイメージしてみましょう。

ここで提案したいのは、自分の身の回りにあって見過ごしているものをじっくり見つめ直してみることです。

あるユダヤ人の知人と東京を散歩していたときのことです。知人といっても目上の人物で、ある意味では師のような存在でもあります。彼は、日本はほんとうにいい。人間をこんなに敬《けい》虔《けん》にしてくれる場所はない、というのです。

「敬虔」という言葉は、あまり聞きなれないかもしれません。私たちは、「あの人は敬虔な仏教徒だ」というような言い方をすることもあります。どんなものであれ、人間を超えた存在を感じながら、「道」を求めて生きる姿を指します。別の言い方をすれば、敬虔とは、自分は「小さい」ものである、ということを感じながら生きていくことです。

ユダヤ人のすべてがユダヤ教徒なわけではありません。事実彼も違います。しかし、特定の宗教を信じていなくても敬虔であることの意味はよく理解しています。

このとき、私たちは新宿の街を歩いていました。人通りの多い、「敬虔」という心情とはあまり関連がないような生活の街です。私は少なからず驚いていました。どうしてそんなことを言うのかと、聞き直してみると、いたるところに神々を祀《まつ》る場所があるじゃないか、というのです。

新宿の街を歩きながら彼は、そびえ立つ高層ビルや行き交う無数の人々ではなく、この街の隠れた場所にあるお地蔵さんや街の神様を祀る祠《ほこら》を、じっと眺め続けていたのです。

そう言われてみると、通りのあちこちに祠やお地蔵さんがあるのです。それらは、ずっとそこにあって、街の人に大切にされてきたことは、一目見れば分かります。花がそなえられ、あるお地蔵さんは、着物をあつらえてもらっていました。

ユダヤ人の彼には見えて、私には見えなかったもの。あるのに、見えない。どうしてそんなことが起きるのでしょう。

それは私が新宿に行くとき、ほとんどの場合、何らかの「目的」があるからです。しかし、このときユダヤ人の彼は特別な「目的」をもって街を歩いてはいませんでした。ただ、街と向き合っていたのです。そうすると観《み》えてくるものがあるのです。

「見る」という言葉は、今、目の前にあるものを「みる」ことです。しかし、「観る」という言葉は、単にものを「みる」のではなく、「みえてくる」ということを意味しています。だから「人生見」ではなく「人生観」というのです。

読むことで私たちが取り戻していきたいのは、この「観る」ちからです。

目的をもって「見て」いるとき、私たちは多くの「観えてくる」ものを見逃しています。本でいえば、文字だけ読んで、意味の表層の部分ばかりを理解しようとしているだけかもしれないのです。

よく世話をされたお地蔵さんは、その場所に敬虔な気持ちをもった人間が暮らしていることを物語っています。あの出来事以来、新宿は私にとって買い物をする街であるだけではなく、人々が暮らす体温のある街に変わりました。

この出来事は、街も「生きている」ことを私に教えてくれました。そこに歴史があって、苦しみも悲しみも喜びもあることを教えてくれたのです。

本も同じです。本を読むことで言葉が「生きている」ことを感じ直すことができれば、私たちは、それを単に眼で「見る」のではなく、もう一つの眼でそれを「観る」ことができるようになるのです。

⑤ 書店へ行く

読書が、もう一つの旅であることが分かると、世界は、少し違った意味をもって観えてきます。書店は、もう一つの時空を旅するための「駅」なのです。

最近は、インターネットを通じて、さまざまなことができるようになりました。本を買うことも、切符や航空券を買うこともできます。

手軽に買えるのは便利なのですが、買おうと思っているものしか買えません。

しかし、ひとたび書店という「駅」に足を運ぶと、まったく違った経験をすることになります。

あまり遠くない国内旅行をしようと思って出かけたはずなのに、まったく知らない国への旅に誘《いざな》われることもめずらしくありません。

書店という「駅」で、いつの間にか、思いもよらなかった場所への切符を手にしている自分に気がつくのです。

ある場所に旅したとき、自分がここに来た、というよりも「場所に呼ばれた」と感じたことはないでしょうか。

もちろん、いきなりそんなことをいえば、周囲の人に不思議がられてしまいます。しかし、自分の気持ちに正直になると、何かのちからに導かれて来た、そう感じることはあるのではないでしょうか。

表現の仕方はともあれ、同様のことを本をめぐって書いている人は少なくありません。本を探す、というより、本に出会う、あるいは本に呼ばれるようになってくると、「読む」世界の光景はまるで違ったものになってきます。

本を読めなくなっていたときは、書店にも足が向かなくなっていました。以前は、毎日のように行っていたのです。

二、三年前、まったく同じ感情を抱いたのです。最近、書店に行っていない、そう思いました。

このときは、本が読めていなかったわけではありません。しかし、決まった場所にだけ旅をしているような状態でした。

あるとき、ふと、なるべくインターネットを経由して本を買うのを止めようと思い立ちました。現代社会では、すべて、というわけにはなかなかいきません。ことに私のような書く仕事をしている人間はそうです。しかし、可能な限り減らしてみるようにしたのです。

結論からいうと、困ることは、ほとんどありませんでした。もちろん、書店に行くようになります。そして、選ぶ本がまったく変わってきたのです。

かつて、毎日のように通っていた書店は、いわゆる大型書店ではありませんでした。家の近くにある、どちらかというと、小さな書店です。品ぞろえも毎日変わるわけではありません。

それでも毎日行くのです。

一見すると、奇妙なようにも感じられます。しかし、よく考えてみると、じつは理にかなっていることが分かります。

書棚に並んでいる本は大きく変わらない。しかし、それを見る「私」の方が日々、変わるのです。本と深く交《まじ》わる生活というのは、それほど大きなちからがあります。

先に、言葉は植物と似ていると書きました。言葉は、しばしば薬草にもなります。それはまるで、漢方薬のようなものです。私たちの心のなかにあって、気がつかなかった傷を癒《いや》し、生命力を回復させることもあります。

体力が戻ってくると、昨日まで暗かった世界も違って見えてきます。

同じことが言葉という「薬草」によっても起こります。昨日まで、まったく関係がないと思っていた本が、昔からの知人のように思われてきます。

この変化は、まさに「眼が開かれる」というべきものです。あるいは今まで白黒だった世界が、美しい色彩を帯びたものに変化するくらいに違って見えてきます。

私たちも目の前にあるものを見てはいる。しかし、それが自分にとって、どんな意味をもっているかを知らない場合が少なくありません。読書とは、そのすれ違いを修復していくことなのです。

人がよいと言ったものではなく、自分がほんとうに必要だと感じたものを必要なときに手にする。その言葉は、たった一行の、あるいは一つの言葉である場合も少なくないのです。

6 言葉のジュース――引用のちから

最近、定期的に断食をする人がふえています。一日の場合もありますし、段階的に一週間ほど続ける人もいます。水など最低限のものを摂《と》りながら、一時的に食べることを止めることで内臓の負担を減らして、心身の状態を整えるのです。

本を読めなくなっていた状態は、気がつかないうちに始まっていた「言葉の断食」だったのかもしれません。

過度の断食は、からだへの負担も大きいので禁物です。

ただ、言葉の断食の場合は、まったく言葉を使わないということはありませんから、完全な「断食」ではありません。だからこそ、「読めない」という状態が、何年にもわたって続く場合もあるわけです。

私たちは今、その縛りから自由になろうとしています。繰り返しますが、本は読まなくてはならないものではありません。読みたいときに読み、読みたくないときは読まないでよいのです。どうすればそれを自由にできるようになるのか、それが今、私たちが、考えていることです。

断食のあとの食事は、ゆっくりと再開しなくてはなりません。からだに優しいものから、ゆっくりと始めていきます。いきなり固形物を摂るのではなく、ジュースのようなものから始めていくのです。

言葉も同じです。ゆっくり摂り入れ始めればよいのです。しかし、問題は、ジュースのような言葉がどこにあるかということです。それが分かりにくい。

今、果汁一〇〇％のジュースは、さまざまな場所で買えます。コンビニエンスストアでも自動販売機でも見かけます。でも、私が小さい頃は状況が違いました。店頭ではほとんど売っていませんでした。売っていたとしてもたいへん高価で日常的なものとは到底いえません。

ですが、父は毎日ジュースを飲んでいました。もちろん買ったジュースではありません。母が作ったジュースです。

故郷は新潟県の小さな街でしたから、家には小さな畑がありました。周囲の家も畑をもっていましたから、新鮮な野菜は容易に手に入ります。それをジュースにするのです。

言葉も同じです。私たちは、身近にある言葉を自分で「ジュース」にすることができるのです。

さて、先に私たちは図書館という施設の利用を改めて考え直してみました。図書館は本をたくさん所蔵している場所であるよりも、「読む」ことの専門家に読書に関する相談ができる場所であり、無料で本を借りることもできることも確認しました。

多くの人は借りてきた本を最初から読みます。でも、私たちは今、本が読めなくなって困っているわけですから、いきなり本を読もうとしてもうまくいかない可能性があります。

ここで提案したいのは、「最初から読む」のではなく、「好きなところを読む」、さらに「気になったところを書き写す」ことなのです。

そして、本という言葉の果実の一部をしぼって「ジュース」にする。つまり、「引用」をするのです。

書店に行くと名言・格言集のようなものが多く売っています。それらはすべて、別の言い方をすると「引用集」です。

言葉には不思議なはたらきがあって、書物のなかだとあまり心動かされないものでも、引用されると、熱いものになって胸に飛び込んでくることがあります。本から、そのときに必要なエッセンスを抽出すること、これが「言葉のジュース」を作ることです。

借りてきた本は、「読む」のではなく、「眺める」。まるで、画集や写真集を手にするときのように眺めるのです。「あたま」で理解するのではなく、「こころ」で言葉の風景を感じるのです。そうすると、気になる言葉が浮かび上がってきます。

最初はうまく行かないかもしれません。しかし、一日、二日と続けていると、わずかずつですが、徐々《じょじょ》に何かをつかみ始めます。

何をつかみ取ったのかをほかの人に見せるわけではありません。少し気になったところには付箋《ふせん》を付けてみるとよいでしょう。そして、それをどこかに書き写してみるのです。

想い出してみてください。私たちは文字を書くとき、その言葉を同時に読んでいるのです。それが自分で書いたものであっても、自分以外の人の言葉であっても。

書く、それは、ゆっくり読むことの始まりでもあるのです。

7 自分の「読み」を深める

読むのでさえたいへんなのに、書くことなんてできない、そう感じているかもしれません。

しかし、読めないから書くのです。先にも述べたように、書くときほど、ゆっくり読む機会はありません。それだけでなく、書くことが、読むちからを養うのです。

文章を書く人は誰でも、書くたびに自分のおもいがいかに言葉にならないかを経験します。作家や詩人も例外ではありません。どんな人にとっても、書くとは、自分のなかにあって、容易に言葉にならない何かを再確認することです。

このことが体感されてくると、言葉への接し方が変わってきます。読むとは、言葉になったことだけを理解することではなく、言葉になり得ないものを感じてみようとすることであることが分かります。

言葉は、つねに言葉にならないコトバと共にあるのです。そう考えてみると、私たちの本との接し方も変わってくるのではないでしょうか。

先に本に「正しい」読み方はないということにふれました。もちろん、文字の「正しい」読み方はあります。「花」は「はな」で「みず」ではありません。しかし、ある人にとって

「花」は、愛する人からの贈り物であり、別の人にとっては、亡くなった愛する人に捧げるものかもしれません。

同じ「花」ですが、コトバである意味は同じではありません。また、それはどちらか一つでもなく、複雑に絡み合ったものでもあります。「花」という言葉一つでも「正しい」認識は存在しないことが分かります。

しかし、世の中を見てみると「正しい」読み方が、どこかにあるように感じられてくるのも確かです。学校のテストなどでは「正しい」読みがあるではないか、という人もいるかもしれません。

これまでに、数十の大学や高校が、私の文章を国語の試験問題に採用してくれました。

試験終了後、その報告が問題と共に送られてきます。それらを試しに解いてみることがあるのですが、ほとんどの場合、筆者である私が回答できない問題を含んでいます。あるいは、答え合わせをすると、私の答えが正解にならない場合も数多くあるのです。

もし、世の中でいわれている「正しい」読みが、作者の考えを読み取ることであれば、テストで試されているのは「正しい」読みではないのです。それは問題を作成した人が「正しい」と感じたものであるのに過ぎません。

テストはこれでよいのかもしれません。しかし、現実社会での読書は、もっと自由で、いきいきとしていて、そしてとても個人的なものです。誰かに「正しさ」を強いられるようなものではありません。

一つのコップを絵に描こうとするとき、遠近法を正しく用いることでそれを描き出すことができます。しかし、美術館などで出会う絵画は、正しい遠近法をはるかに超えたところで描かれています。

ここでの「正しい遠近法」は、ちょうど「正しく」文字を読むことに当たります。それは読書の始まりというよりも、読書の準備だといった方がよいかもしれません。

準備が整っているのは素晴らしいことです。しかし、準備したとおりにならないのも現実です。そして、準備ができなかったとしても、私たちはだんだんと絵や言葉に慣れてきます。

言葉や色、線と交わりを深めていくのです。今まで読めなかった文字が、いつしか読めるようになってきます。「正しい読み」はあるのかもしれません。しかし、それを完全に実現した人はいません。間違っていてもよいではありませんか。私たちはそれを誰かに強要しないかぎり、そして、その「読み」によって他の人を軽んじることにならない限り、どこまでも自分の読みを深めていってよいのです。

第2章を実践するための10のポイント

☑図書館へ行く。そして図書館司書に、読書をめぐって相談してみる。

☑自分にあった「素朴な」一冊を探す。ドレスのような本ではなく、普段着の本を探す。

☑読書とは、文字を追うだけでなく、文字を扉にして、その奥にある見えないコトバに出会うこと。

☑見えていることではなく、観えてくることを大切にする。よく見えていないことに大きな不安を抱かなくてもよい。

☑書店に行ってみる。しかし、本を探さない。眺めるように見て、本との出会いを待つ。

☑言葉は、人生という旅の「薬草」でもある。

☑自分を変えてくれる一冊の本ではなく、一つの文章、一つの言葉を探す。

☑印象に残った言葉をノートに書き写す。引用ノートを作る。

☑本は言葉を「読む」だけでなく、写真集や画集をめくるように「眺めて」もよい。

☑どこまでも「自分の読み」を深める。ただし、あくまでも「自分の読み」なので他者に強いたりはしない。

第3章

本と出会う

①素朴な言葉

じつは、多くの人が、不安を抱えながら読書をしています。自分の読みが、完全ではないのではないかと感じているのです。そうした人は、少なくないどころか、ほとんどの人がそうなのです。ですが、そうしたおもいを口に出していう人は稀《まれ》です。

それならば、どうして不安を抱えながら本を楽しんで読むことができるのか、という声が聞こえてきそうです。

不安を抱えながら、読書を楽しんでいる人は多くいます。むしろ、読書を本当に楽しんでいる人は、自分の至らなさが変化するのを楽しんでいる、といえるかもしれません。大げさに聞こえるかもしれませんが、読書への態度は、人生への態度と似ています。読書を楽しんでいる人たちの多くは、自分の読みが、不完全であることを受け容れているのです。そして、誰かと競争するように読むことも止めています。

読書を山登りにたとえる人もいます。始めたばかりのころは、高い山に登るのが目標になりがちです。しかし、経験を重ねてくると、高い山に登ることではなく、今という時間を深く味わうことの意味の大きさに気がついてきます。

登らなくてはならないのは、高い山ではなく、自然とは何か、あるいは光とは、時間とは何かを教えてくれる山なのです。

今、「山」と書いた言葉を「本」に置き換えると、そのまま読書の秘義《ひぎ》につながります。

高い山は、長編小説のようなものです。そうしたものに向き合うのもよいでしょう。しかし、言葉のはたらきの神秘を教えてくれる一篇の小さな詩に出会うことは、それに勝るとも劣らない意味があるのです。

山登りをはじめたばかりですと、大きな木々や群れをなして咲く花に目を奪われがちです。ですが、ゆっくり歩き続けていると、ちょっとした光の変化や見慣れた花々に心打たれることがあります。どこにでもある見慣れた野草に永遠のときを感じるのです。

よく見れば　薺花咲く　垣根かな

松尾芭蕉の句です。「薺《なずな》」は、ペンペングサのことです。静かに眺めてみると、ペンペングサの花が咲いていたことに気がつく。そんな句ですが、芭蕉がここで描き出したいと願っているのは、この花を咲かせている大いなるちからです。

本を読んでいても同様のことはしばしば起こります。本という「山」を登っているときでも、私たちは自分の感性をもっと大切にしてよいのです。

ほかの人の目には何でもないもののように映った言葉でも、自分にとってかけがえのないものに感じたなら、私たちは、それをどこまでも愛《いつく》しんでよいのです。

「愛読」という言葉があります。「通読」という言葉もあります。私には、長く通読することのできなかった愛読書がありました。今もあります。

たしかに読み通せてはいない。しかし、それらはほんとうに愛すべき、私にとって大切な本なのです。その本との出会いがなければ、言葉のはたらきを知らないままだったかもしれないと思うほどです。

むしろ、ほんとうの意味で愛読書になるにはある時間が必要なようです。

いつも手に届くところにあって、しばしば読む。しかし、なかなか読み終わらない。読んでは考え、読み進めては立ち戻る。そういうことを繰り返しているうちに何年もの月日が経過していきます。

ある人は、私の「読めない本」を二日で通読するかもしれません。しかし、私にとってその本は、十年をかけても読み終えることのない本なのです。

あなたの手もとにもそんな一冊はありませんか。強く心を動かされたのにもかかわらず、読み進めることができなかった本です。

それをゆっくり、一日数行でもかまいません。ふたたび読み始めることから始めてはどうでしょう。むしろ、そうした一冊が、人生の一冊になるかもしれないのです。

②「読む」という旅

第2章で「見る」と「観る」の違いにふれました。「観る」の意味が分かってくると「観光」という言葉もまったく違って感じられてきます。

名所をつぎつぎと訪れることではなく、旅をしながら「光」を「観る」のが観光旅行のほんとうの意味です。

ここでの「光」にはさまざまなことが含まれています。ある時代は、時の権力者の威光《いこう》を指していました。ある場所の光景を意味することもあります。しかし、何よりも大切なのは、私たちの心の光景なのではないでしょうか。

旅とは、行く先々の光景を扉にしながら、自分の心のなかを見つめようとする営みだともいえそうです。

このことに気がつけば、旅はどんなところへ行っても発見があるものです。あまり快適ではない旅だったとしても、思い出深く印象に残ることがあるのはそのためです。

いっぽう、世の中で評判の場所を、決まったスケジュールで訪れるだけのような旅行は、次第に楽しみを感じなくなってきます。

このことは読書という「旅」にもそのままいえます。むしろ、読書の方が、そうしたことを強いられがちなのかもしれません。

本が読めなくなった、というのは、決まりきった名所見物のような「正しい」読書という旅にはもう、喜びを感じられなくなったということです。

そう考えてみると、読めなくなるということをきわめて自然なことのように感じられます。

ゆっくりと光景を眺めて、さまざまなことを感じ直し、これまでの人生とこれからの人生を深く見つめ直したい、そう思っているときに、見方を決められ、せかされているわけですから、いやな気持ちがして当然です。

本を読めなくなった、ということは、自分の旅は、自分で作るときがやってきた、という人生からの合図です。

ほかの人たちがやっているように、ではなく、自分にあった場所へ、自分にあった歩調で進んでいく。そして、世の人が見るものではなく、そのときの自分が見つめなくてはならないものを「観る」ことを、人生が求めているのです。

旅をするとき、人びとがたくさん訪れている場所に行くのもよいかもしれません。しかし、そうした旅は、人混みで疲れることも少なくありません。旅先は、必ずしもよく知られたところでなくてもよいのです。

本の世界では、人々が関心を示さなくなった、しかし、とてもよいところがたくさんあります。古くから残っている、とても豊かな「場所（本）」は少なくないのです。

読書の旅は、今、多くの人が読んでいるものから始めなくてもかまいません。近くの公園に行くような、小さな旅から始めてみてはどうでしょうか。

ある深層心理学者——河合隼雄《かわいはやお》という人物です——の本を読んでいたら、たいへん興味深い記述に出会いました。彼は優れた学者であり、カウンセラーでもあります。深く心に傷を負った女性が、彼のところにやってきました。治療が簡単ではないことは会ってすぐに分かるくらい状況は深刻です。

しかし、何度目かの面談のとき、明らかに様子が異なっているのに気がつきます。状態がよくなっているのです。彼が女性に理由を聞くと、家の近くにある一本の木と対話を始めたというのです。

もちろん、木が言葉を用いないことは女性も分かっています。悲しみの底にふれたからなのかもしれません。彼女は木のいのちのコトバを感じるようになったのです。

ある日、多くの木々の一つだったその木が、コトバを交わすことで、「わたしの木」になった。このとき、この木は、彼女にとって自分を生かしている「いのち」への扉になったのです。

この文章を読んだとき、「これは言葉も同じだ」と思いました。

言葉も私たちのいのちの扉になり得るのです。そして、言葉の扉のありかは、ある苦しみや悲しみを感じた者の眼にこそ、はっきりと「観えて」くるようです。

自分を変えてくれるかもしれない「本」を探すのをやめましょう。私たちが出会うべきは、よく知られた書物だけでなく、一つの言葉です。

本を読み切るとか、一日何ページ読もうなどという目標も必要ありません。ただ、言葉にむかって心を開くだけでよいのです。

出会うべき言葉は、人によって異なります。私の場合、それは「かなしみ」という言葉でした。

悲しみや哀しみとだけ書くのではなく、「愛しみ」や「美しみ」と書いても「かなしみ」と読むことを知ったときでした。「かなしむ」とは、愛する者を失ったときに経験する感情であるだけでなく、愛の再発見であり、また、「かなしみ」のときは、美しくすらあることを、「かなしみ」の文字の歴史が教えてくれたのです。

この一つの言葉に出会ったことで、私は、文字通りの意味で救われたのだと思います。

③ 言葉の肌感覚を取り戻す

イタリアに旅をしているときのことです。ひょんなことから現地の男性にガイドを依頼することになりました。私はイタリア語ができません。互いに拙《つたな》い英語で話すことになりました。

外国人同士が、それぞれにとっての外国語で話す。こうなると人間は、意思疎通のすべてを言葉に頼ろうとはしなくなります。そして、大切なことをゆっくりと相手が分かるように話します。多くのことではなく、これだけは分かって欲しいということを確実に伝えようとします。

多少の苦労はありました。しかし、旅程が終わってみるとたいへん充実した旅になりました。仮に日本語を流暢《りゅうちょう》に話すガイドと一緒だったとしても、ここまでの充足感は得られないだろうと思うほどでした。

ガイドをしてくれた人は、その場所をよく知っています。ですから、よい場所に連れて行ってくれます。しかし、彼はそこではあまり話しません。

「三十分したら、戻ってきてください」と言うだけです。

ある意味では、そこで放り出されるわけです。右も左も分からないのですが、その場所に融《と》け込むしかなくなります。こうしたときは、どうしようかと「あたま」で考えてもうまく行きません。その場の空気を「肌」で感じるほかありません。

建物に入っても、案内の表記はすべてイタリア語です。まず、案内を読むことを諦めました。そこに流れている無名の歴史のようなものを直接感じようとします。

絵を見ても、いつ、誰が書いたか、という情報を気にしない分、情報以外のものを読み取ろうとします。

読書で大切なのも「肌感覚」なのです。

「肌」で情報以外の意味を受け取ることができるようになると、次第に情報もしっかりと受け止められるようになります。しかし、逆はうまく行きません。「あたま」に情報が先に入ると、肌感覚は休眠することが多いのです。

もちろん、人の説明を受けるのは悪いことではありません。しかし、過剰な説明が説明が無駄だというのでもありません。肌感覚を封じ込めるのも事実です。

本が読めなくなっているということは、「からだ」からの肌感覚を取り戻せ、という合図なのかもしれません。

情報収集としての読書に「からだ」が拒否反応を起こしているのかもしれないのです。

かつてのように読めなくなっている。それは情報以外のものを摂《と》りいれなくてはならない、新しい「読む」感覚を取り戻さなくてはならない、という「からだ」からの合図かもしれません。

肌感覚が戻ってくると、二つのことがはっきりしてきます。

①自分にとって不要なもの

②自分にとってほんとうに必要なもの

不要なものがあれば、それを選ばなければよいのです。そして、ほんとうに必要なものを見つけたらそれを愛《いつく》しめばよいのです。

世のなかの人が、どんなによいといっても自分に似合わない服は必要ありません。無理をして着ていると、文字通りの意味で肩がこってきます。ほんとうに自分らしくいられる服は、流行から外れていてもよいのではないでしょうか。

小学校のころから私たちは、さまざまな本を与えられてきました。ある時期までは、与えられることもよいかもしれません。しかし、与えられた者は、いくつかの選択肢のなかから選ぶだけで、自分で探すことをしなくなるものです。

「探す」ではなく、「求める」と書いた方が、より現実に近いかもしれません。

「求めよ、さらば与えられん」という『新約聖書』の言葉は、本との出会いにおいても真実なのです。

④ 言葉と生きる

「民藝《みんげい》」という言葉を聞いたことがあると思います。「民藝品」という言葉もあります。この言葉は一見すると古そうに感じられますが、じつは生まれてからまだ百年を経過していない新しい言葉なのです。

この言葉を世に送り出したのは柳宗悦《やなぎむねよし》（一八八九～一九六一）という哲学者です。「民藝」は「民衆的工藝」の略語です。無名の人々が作った工藝品ということです。

「工藝品」とは、名無き人々によって、他者に「用いられる」ために作られた物です。いっぽう、「芸術品」と呼ばれるものもあります。それらは名前の知られた人々によって、ほとんどの場合、自己表現か、空間を「飾る」ために作られます。「芸術品」のなかには、心の眼を開かせるようなすばらしいものもあります。しかし、それが私たちの家に飾られることは、まずありません。「工藝品」は違います。それは民衆が日々の生活で「用いる」ために作られたものなのです。

一九二六年、柳は、「芸術品」といってもてはやされているものよりも、人々の生活で「用いる」ために作られた「民藝」の方が美しいと語り、世の中を驚かせました。

最初は、ほとんどの人が柳の考えを受け容れませんでした。

しかし、次第に賛同する人がふえていきます。彼が「民藝」という言葉を世に送り出してから十年後には、日本民藝館という、世界の民藝にふれることができる、美しい館《やかた》が完成しています。

あまり語られないのですが、柳は言葉もまた、かたちのない「民藝」だと感じていました。「言葉の民藝」という考えも柳の念頭にはあったのです。しかし、この考えを発展させる前に亡くなってしまいます。

言葉をめぐる柳の感覚には、今日でもなお学ぶべきところが多くあります。「民藝」を語る柳の言葉にも、しばしば読書の秘密が記されているのです。その一つが「茶道を想う」という一文です。

ここで柳は、日本で茶道をはじめた初期の茶人たちの「眼」をめぐって語ります。それ以前の人にはがらくたにしか見えなかったものが、初期の茶人たちには宝物に見えた。彼らが「もの」を見る眼をめぐって柳は、つぎのように述べています。「見る」を「読む」に、「物」を「言葉」に置き換えて読んでみてください。

> どう見たのか。じかに見たのである。「じかに」と云うことが他の見方とは違う。じかに物が眼に映れば素晴しいのである。大方の人は何かを通して眺めてしまう。いつも眼と物との間に一物を入れる。ある者は思想を入

れ、或者は嗜好を交え、ある者は習慣で眺める。

（『柳宗悦　茶道論集』）

直《じか》に「物／言葉」にふれればそこに意味をありありと感じることができる。だが、そのためには三つのことに気をつけなくてはならない、と柳はいいます。

一つ目は「思想」です。世の中にはさまざまな「思想」があります。どんな思想でもそれを通じて見ると意味が歪《ゆが》んで見えてしまう。

二つ目は、「嗜好《しこう》」です。もっと平易な言葉でいうと、「好き嫌い」です。好きか嫌いかの判断を先にすると、本当の姿が見えなくなる。

三つ目は、「習慣」です。先月読んだ本だから、もう読まなくてよい、という態度を柳は戒《いまし》めます。人は、日々、変化している。日々、新しく世界と向き合っている。昨日興味をもっていなかった本に、今日、「人生の一語」を見つけることは、けっして珍しくないのです。

私たちが出会うべきも、芸術品のような言葉ばかりではなく「言葉の民藝」と呼ぶべき、素朴なものです。

その出会いのために私たちに足りないものはありません。むしろ、身につけているものが多すぎるくらいです。

自分の人生の「飾り」を横に置いて、言葉と直にふれあうこと、それが、「私の読書」の始まりなのです。

⑤ ゆっくり読む

近年本を読む人が少なくなった、という記事をよく目にします。こうした文章にはしばしば「月にどれくらい本を読みますか」というアンケートの結果が掲載されています。

こうした調査は無意味だとはいいません。しかし、読書という営みを少し荒っぽくとらえている感じは否めません。本は多く読むのがよい、という暗黙の価値観が見え隠れしているからです。

本は多く読む方がいい。本当でしょうか。これまで見てきたように、言葉が心の食べ物だとしたら、多く食べることがよいことなのでしょうか。あるいは速く食べることがよいことなのでしょうか。

よい旅とは、その人に合ったペースで、その人に合った場所を訪れることです。素早く多くの場所を訪れることもできますが、一つ一つの場所を、時間をかけてゆっくり訪れることもできます。

もちろん、読書でも試していただきたいのは「ゆっくり」読むことです。「ゆったり」といった方がよいのかもしれません。

速く読みたければ速く、遅く読みたければゆっくり、眠たくなったら、そこで本を閉じる。そんな当たり前の読書です。

本を読むのに最適な速さなどありません。その人に合った速さがあるだけです。

速読という言葉の背後には、多読がよいという価値観が潜んでいます。速く、多くの本を、たしかに読むことができれば、それは素晴らしいことです。しかし、なかなかそうはいきません。

どんなに速く、多く読んだとしても、そこにたしかな手応えがなければむなしいのではないでしょうか。

読書において、養っていかなくてはならないのは、「たしかな」感覚です。

この感覚を言葉で表現するのは、簡単ではありませんが、昔の人は「腹に落ちる」「胸に響く」という言い方をしました。

たしかに、ある身体感覚を伴うものです。そこに必ずよろこびが伴うとはいえません。私たちは労苦のなかにも意味を感じることがあるからです。読みながら、容易に言葉にならない「意味」を感じる。それが「たしかな」感覚です。


そこでおすすめしたいのは、ゆっくり読む。できるだけゆっくり読むことです。ここでの「ゆっくり」は、英語でいう「スロー」とは少し違います。むしろ、速い、遅いという枠組みから飛び出ることです。時間や読んだページ数を気にしないで、ただ、言葉と向き合うことです。

「速く読まず、遅く読まなくてはならない」と思うときも、時間に縛られています。これでは「たしかな」感覚は開花しません。

近代日本における本格的な哲学は、西田幾多郎《にしだきたろう》（一八七〇〜一九四五）という人物によって始まったといわれています。次に引くのは、彼が三十二歳のときに書いた日記です。

猛烈な勢いで西洋の哲学を学び、同時代の文学や思想書を読んでいた彼は、自らに言い聞かせるように次のように書いています。

学問は畢竟lifeの為なり、lifeが第一等の事なり、lifeなき学問は無用なり。急いで書物よむべからず。

（明治三十五年二月二十四日）

ここでの「life」は、生活であり、人生であり、そして「いのち」でもあります。言葉を超えた生の実感のために学問がある。その実感をもたらさない学問は、この世に必要ない、というのです。事実、彼は多くの人の「life」に火を灯すような言葉を多く残しました。

学ぶことも読書も「いのち」のためにするのだ、と西田はいうのです。そのためには、「急いで書物よむべからず」、本を急いで読んではならない、日本の哲学の父がそういっているのです。私たちもゆっくり歩き始めましょう。

6 情《こころ》を開く

本を読むことから、私たちを遠ざけるいくつかの「感情」があります。読まなくなったのは、本が嫌いになったからではなく、とても本を読む気になれない、そんな経験をしたからだ、という人もいるのではないでしょうか。

悲しみ、怒り、失望、落胆、嘆き、苦しみなどに包まれるとき、本を手にすることが少なくなるかもしれません。しかし、それらは生きていく上で避けがたい試練でもあります。

「感情」という言葉を現代人は、あまりよい意味に用いません。感情的になる、ということは、どこか自分を見失うという意味合いで用いられています。

しかし、そのもともとの意味は違います。それは「情《こころ》」が「感《うご》く」ことです。

意識が動いただけでは感情が動きませんが、「こころ」が感くところには必ず感情が生まれます。情愛や感動、共感や共鳴、同情や憐憫《れんびん》もみな、「感情」です。

感情という言葉が、そのもともとの意味から離れていくのに従って「同情」という言葉もほんとうの意味を失っていきました。

それは単に、かわいそうだと思うことではありません。「こころ」を同じくすることです。他者の出来事を「わがこと」として感じることです。

ここまで書いてくると、すでにお分かりだと思います。たしかな読書には「感情」と「同情」の開花が不可欠なのです。

ここですべての感情に言及することはできませんので「悲しみ」と読書の関係を考えてみたいと思います。悲しみは、もっとも身近な感情でもあるからです。

悲しみの母は、愛です。愛のあるところには、必ず悲しみがあります。

大切な人のことを思い出してみてください。ひとたび情愛の心が湧《わ》けば人は、もう悲しみから逃れることはできません。なぜなら、その相手を失うことこそが、耐えがたい悲しみの経験になるからです。

愛するということは悲しみを育《はぐく》むことでもあるのです。

悲しみは、ない方がいい。多くの人がそう感じています。ですが、どうして私たちは、悲しみを遠ざけたいと思うのでしょう。理由は一つではないと思いますが、その重要な一つに、悲しみが怖れに似ているということが挙げられるかもしれません。また、悲しみはときに、私たちを虚無の谷と呼びたくなる場所に引きずり込みます。

どんなに一生懸命に人を愛しても、いつかは死に別れなくてはならない。結局は無意味なのだ。残るのはつらい悲しみだけだ、そうした人生観に包まれた経験もあるかもしれません。私にもそうしたおもいから脱け出すことのできない時期がありました。

しかし、悲しみの暗夜と呼ぶべき日々から、私を救い出してくれたのは、ある本のなかで出会った「かなしみ」という言葉だったのです。

底のない悲しみから、光のある場所へ導いてくれたのが、本で偶然出会った、もう一つの「かなしみ」でした。「かなしみ」には、「悲しみ」に終わらないさらなる意味が潜んでいることを教えてくれた人がいたのです。

それは先にもふれた柳宗悦という哲学者です。『南無阿弥陀仏』という著作のなかで柳は、「『悲』とは含みの多い言葉である」と述べたあと、こう続けています。

悲しみは慈みでありまた「愛しみ」である。悲しみを持たぬ慈愛があろうか。それ故慈悲ともいう。仰いで大悲ともいう。古語では「愛し」を「かなし」と読み、更に「美し」という文字をさえ「かなし」と読んだ。

むかし、人は「かなし」という一つの言葉に幾つもの漢字を与えたのです。「悲し」だけでなく、「愛し」、「美し」と書いても「かなし」と読んだ。

悲しみは、怖れや戦慄《せんりつ》、あるいは虚無を生むだけでなく、悲しむという行為そのものが、自分はたしかに何かを愛していたということの発見だというのです。

そして、内なる情愛の発見ほど美しいものはない。耐え難い悲しみを経験しながら人は、気がつくことがなかった情愛の泉を自らのうちに見出し、そこから湧き出る水は、無尽《むじん》の慈《いつく》しみとなる、というのです。

「悲しみ」という扉の奥に「愛しみ」、そして「美しみ」の部屋があり、私はそこでこれまで気がつかなかった「愛」と「美」に出会いました。逃れようと思っていたもののすぐそばに、心の底から求めていたものがあったのです。

悲しみに包まれている日々だから、本も読めなくなってしまった、そう感じていましたから、本が自分を助けてくれるとは思えませんでした。

身を切るような悲しみを生きていたので、改めて悲しみとは何かを考えることもありませんでした。自分は悲しみをよく知っていると思い込んでいたのです。

しかし、現実は違いました。遠ざけていた本の中にあった「悲しみ」という言葉が、それまで感じることのできなかった人生の深みへと導いてくれたのです。

⑦ 感覚を開く

毎日がつまらない。意味を感じることができない。そうした経験は誰にでもあるのではないでしょうか。日々の生活にははっきりとした意味を見出しているという人もいるかもしれません。しかし、人生の意味とは、はっきりとした言葉にできるような、明らかなものばかりではないようです。

自分の感覚を信用しなければ毎日を生きていくことはできません。しかし、それが過ぎると傲慢《ごうまん》になります。私の人生には意味がない。なぜなら、自分自身がそう感じているからだ、ということにもなりかねません。

人生に希望を感じることができない、ということと希望がないことは違います。感じられない、ということと無いことは同じではないのです。

自分のことばかり考えていたから、愛されていることに気がつけなかった、ということも少なくないと思います。

二十世紀を代表する詩人のひとりにライナー・マリア・リルケ（一八七五～一九二六）という人物がいます。

あるときリルケは、本格的に詩を書いていきたいと願っている若者から手紙を受け取ります。若者はリルケに、どんなことを主題《モチーフ》に詩を書いたらよいかと尋ねるのです。そうした問いにリルケはこう応えています。

一般的なモチーフを避けて、あなた御自身の日常があなたに提供するモチーフへとのがれて下さい。

（『若き詩人への手紙』高安国世訳・以下同）

世の人が好んで詩にする主題、たとえば恋愛だとか、風景を見て感じたことなど「一般的なモチーフ」から離れて、日々の生活が、そっと語りかけるものを詩にするのがよい。多くの人が歌い上げるものではなくて、どんなに素朴なことでも、自分にとって切実なものを言葉にしなくてはならない。五感とは異なる、もう一つの「感覚」を開け、というのです。

ここで言われていることは、本を選ぶときもまったく同じです。どんな本を読むべきかは、私たちの日常が教えてくれるのです。

これまで図書館司書、書店員といった本の案内人を紹介してきました。次は本の案内人を自分の内面に見つける番です。

先の一節のあとにリルケはこう続けています。若者は事前に「どんな詩を書くべきか」をめぐってリルケに手紙を送っていました。しかし、私たちはこれから読む一節を「何を読むべきか」に置き換えつつ味わってよいと思います。

あなたの悲しみや願いや、過ぎ行く思いや、何か一つの美に対する信仰などをえがいて下さい――それらすべてを、熱烈な、しずかな、謙虚な誠実さをもってえがいて下さい。そして自らを表現するために、あなたの身のまわりの事物を、あなたの夢の中の姿を、あなたの追憶の対象を用いて下さい。

（『若き詩人への手紙』）

人生の一冊になるような本は、外を探しているだけでは見つからない。まず自己との対話を始めなくてはならない、とリルケはいうのです。

自分の悲しみに呼応するもの、悲願に呼応するもの、消え去るのを怖れるほど大切な出来事、美の経験、これらと共鳴する言葉を探す。そうした言葉を宿した書物との出会いを、熱く、しかし静かに、そして敬虔な心持ちにも似た態度で待つのです。

出会うべき言葉と共振するものは、すでに身の回りにある。あるいは夢の出来事、そして忘れることのできない「憶《おも》い」のうちに何かを感じる、とリルケはいいます。

めぐり会うべき本へのアンテナは、すでに私たちの日常生活、深層意識、そして自らの人生という歴史のなかにあるのです。

内面にすでにあるものを発見しようとするとき、まず、準備するべきは「ひとり」の場所と「ひとり」の空間です。

本が読めなくなったとき、多くの人は、その理由を外的なものに探します。しかし、本とふたたび出会い直す「鍵」はすでに自分のなかにあるのです。

内にあるものを、外に探しても見つからないのは当然です。リルケのいうようにそれは、私たちの日々の生活と深く交わっているものの片隅に、そっと隠れているのです。

鍵を手にして、安心すると、今まで見えていなかった一つの「扉」が眼に入ってきます。

その扉の奥には、あなたに読まれるのをまっている色とりどりの本が整然と並んでいるのです。

第3章を実践するための12のポイント

☑本を読めなくなっているというのは、新しい読書の次元が開けるという人生からの合図。

☑素朴な言葉に出会い、それを愛しむ。時間をかけて、愛読書に出会う。

☑「心が動かされながらも、読み通せなかった本」をゆっくり読み進める。

☑読書は、時空を超えた旅。不自由なことがあるのが当たり前。トラブルも楽しんでみる。

☑知性のはたらきによって出会いを確かめるだけでなく、「肌感覚」を信じて本を選んでみる。

☑「造られた」言葉ではなく、「生きた」言葉にふれる。「生きた」言葉を見逃さない。

☑速く読もうとせず、むしろ、ゆっくり、ゆったり読む。

☑「意識」とも「心」とも異なる、さらに深いところにある「いのち」を開花させる。そして、「いのち」で本に出会い、「いのち」で感じながら読む。

☑感情のちからによって、本を読む。悲しんでいるときは「かなしみ」を、苦しんでいるときは「くるしみ」という言葉の深みを探ってみる。

☑自己との対話を深め、内面の声を聴く。

☑日常生活のなかに出会うべき本のヒントを探す。

☑むやみに本を探さない。静かに出会いを「待つ」。

おわりに――読めない本に出会う

「どんな本を読むのがよいのか」としばしば尋ねられます。しかし、本をすすめるのはむずかしいものです。どんなに優れた本でも、手にする時機を誤れば、その出会いが実を結ぶことはありません。

それは、人と人の仲を取り持つようなものです。どんな本がよいかという質問がむずかしいのは、どんな友人がよいと思うかと尋ねられているのと同じだからです。

出会ったのが今日だったから、月並みなあいさつで終わってしまった。しかし、明日であれば人生を変える邂逅《かいこう》になったかもしれない。期せずして出会った人が、人生の友になった。そうした経験がある人もいるかもしれません。

言葉との出会いもよく似ていて、日ごろは見向きもしない言葉、偶然見聞きした小さな一言にも希望や慰めを感じることがあります。


簡単に本をすすめられない、と感じるのは、そもそも私自身が、ひとからすすめられた本をあまり読まないからかもしれません。

もう少し精確にいうと、すすめられた、そのときではなく、しばらく経ってから――たいていの場合数年後――読むことが多いのです。

しかし、何人かの信頼している人からの場合は別です。この友人たちは私にとって、「言葉の療法士」と呼びたくなるような存在です。

これまでも述べてきたように、言葉は薬草のようなもので、妙薬でもあるけれど、用い方を誤れば毒にもなります。でも、本――より精確にいえば言葉――は、非常食のような役割を果たすこともあります。

「言葉の療法士」たちは、自分がよいと感じている本というよりも、そのときの私にとってよい本をさっと差し出してくれます。ときには良薬のように「口に苦く」感じる本もすすめてくれます。

こういったことは、ある年月を費やして築き上げられた信頼関係があって起こります。でも私はあなたのことをあまりよく知りません。

ですので「この本がよい」、ということを述べるのではなく、「本との出会い」をさまたげているものを取り除くための視点やいくつかの目安となる方法を考えてみたいと思います。

①永く読まれている本（刊行後、十年以上経過していること）

五十年以上読み継がれているものであればなおよいです。ゆっくり読みさえすれば、ぜんぶ読まなくても「たしかな」出会いに導かれるかもしれません。

②厚くない本、薄い本

本との関係は、ゆっくり修復していきましょう。その途中では、「読み切る」ことが自信につながることもあります。薄い本で、文字が大きい本であれば、なおよいです。

---

③手ごろな値段の本

本は値段が高ければ高いほど、良書であるとは限りません。手ごろな値段の本を、無理をしないで求められることが大切です。

大学生のとき、ある友人がよい言葉だといって教えてくれた一節があります。本との出会いをめぐって記されたものです。三十年が経過して、振り返ってみると、私の読書観を決定し

たといってよい言葉だったのかもしれません。

訪れるもの、よびかけ来るものは、いつ来るかわからない。そのいつ訪れるかわからないものが、いざ来たという場合、それに心を開き、手を開いて迎え応ずることのできるような姿勢が待つということであろう。邂逅という言葉には、偶然に、不図出会うということが含まれていると同時に、その偶然に出会ったものが、実は会うべくして会ったもの、運命的に出会ったものということをも含んでいる。

（唐木順三『詩とデカダンス』）

第1章でも、本との出会いは偶然によって導かれることが多いことにふれました。しかし、この一節を書いた人物は、偶然の出来事は、単に「偶々《たまたま》」起こったのではなく、そこには、運命的というべきある必然が潜んでいることが少なくないというのです。

世界には本が無数にあります。そのなかからあなたの今に最良の一冊を差しだすことはできません。それは、私にその力がないからかもしれないのですが、人はその一冊を単に教えられるのではなく、出会うべきときに出会うべき方法を通じて出会うのではないでしょうか。

あとがきに代えて——無意識の読書

本を読まなくてはならない、とひたすら本を読むのはつらいものです。つらいが、やらなければならない、と思い込まされているのかもしれません。

ほんとうにつらければ、本を読む必要はありません。この世界には私たちを豊かにしてくれるものは読書のほかにもたくさんあります。

絵画や音楽、舞踏などの芸術にふれるのもよいでしょうし、新しいことを始めるのも、とても有意義です。

「どうしたら本をふたたび読むことができるか」をめぐって書

いてきた本のあとがきで、本を読まなくてもよいというのも奇妙に思われるかもしれません。

しかし、ここまで読んでくださり、いくつかのことを実践してくださったあなたはすでに、本を読むこと以外の体験が、かえって本との交わりを深めるという場所に立っているのです。

花をほんとうに美しいと思えば、花をめぐって書かれた本を探し出し、ある画家の絵に打たれれば、その人物をめぐって書いた本に出会うでしょう。

悲しみや苦しみさえ、今は読書という経験から引き離すのではなく、かえって強く結びつける出来事になるはずです。それは自らを苛《さいな》むだけの出来事ではなく、生活の奥にある、人生という地平への扉にすらなることも見ました。

本を読めなくなったのは、本を読むことが、よろこびではなくなったということです。本がふたたび読みたいと感じるということは、これまでとは違うよろこびを感じるようになったということです。

「読めない」と感じるのは、私たちの意識です。何かを「できない」と意識で感じていても、じつはできているということはたくさんあります。

意識して本を読むのも悪くありません。しかし、「無意識の読書」はさらに豊かな経験を私たちにもたらしてくれます。意識の言葉ではなく、無意識でもコトバとふれあっているからです。

無意識の読書だから意味が軽いということはありません。むしろ、無意識だからこそ、心の深いところに入っていくことも少なくありません。こうしたとき私たちは、誰にも強制されない読書を全身で実践しているのです。

その第一歩として、おすすめしたいのは、切実に感じていることを調べてみることです。切実というよりも「切なる」ものの、といった方がよいかもしれません。

それは、楽しさや喜びを感じていることばかりとは限りません。先にも述べましたが、私を本の世界に戻してくれたのは「かなしみ」という言葉でした。

切なる感情は、私たちを人生のほんとうの目的へと導いてくれます。そこには他者が入る隙間がないのです。

誰とも競争せず、誰かに何かを誇るためでもなく、ただ、自分のなかにある「切なるもの」を愛《いつく》しむのです。

あまり関心のないことをめぐって本を読んでいると「調査」的になりがちです。しかし「切なるもの」のときはまったく状況が違います。私たちはそれが終わりのない道であることを知りながら、その一歩一歩にある充実を感じるのです。

「調べる」という言葉の意味を考え直してみると、それは「調査」に終わるものではなく、心にあるものを「調《ととの》える」営みであることが分かってきます。

切なるものを「調える」。そうした営みをここでは「調べる」と呼ぶことにします。

「調べる」効用は、たくさんあります。調べているとき、私たちはとても活動的です。いろんな場所へ行き、日ごろ目にしないものを見、聞き逃しているものに注意を払います。自分が会得《えとく》したものをさまざまなかたちで確かめたりもします。

そして何よりも、自分のなかにあってかつては価値あるものだとは思えなかったさまざまなことが、新しい意味をたずさえてよみがえってくるのを経験します。

こうしたとき、私たちを人生の深みへと導いてくれる読書の鐘の音が、耳には聞こえない、もう一つの「音」で鳴り始めます。

この鐘がひとたび鳴れば、もう鳴りやむことはありません。そのとき本は単に「読む」だけのものではなく、私たちと共に生きる何ものかになっているのです。

この本は全編書き下ろしです。構想からすでに数年が経過してしまいました。それでよかったのかもしれません。ゆっくり書き上げた本は、ゆっくり読んでもらえるかもしれないからです。今回も校正の牟田都子さん、装丁の坂川事務所の皆さん、編集の内藤寛さんとご一緒できました。

言葉が「本」として新生するには、ほんとうにさまざまなはたらきが必要です。執筆、編集、造本を経て、書店や図書館で働いている人たちの手を借り、ようやく読者のもとに届くのです。

本を世に送り出すたびに、こうした見えない仲間たちへの感謝のおもいが募《つの》ります。この場を借りて、深い感謝の念を送りたいと思います。

そして、この本を手にしてくださった読者であるあなたにもこころからの謝意を表したいと思います。あなたが、読んでくれたから、この一冊は、本当の意味での「本」——少し古い言い方ですと書物——として新生することができたのです。

二〇一九年八月十八日

若松　英輔

若松英輔（わかまつえいすけ）

1968年新潟県生まれ。批評家、随筆家。東京工業大学リベラルアーツ研究教育院教授。慶應義塾大学文学部仏文科卒業。2007年「越知保夫とその時代 求道の文学」にて第14回三田文学新人賞評論部門当選、2016年『叡知の詩学 小林秀雄と井筒俊彦』（慶應義塾大学出版会）にて第2回西脇順三郎学術賞受賞、2018年『詩集 見えない涙』（亜紀書房）にて第33回詩歌文学館賞詩部門受賞、『小林秀雄 美しい花』（文藝春秋）にて第16回角川財団学芸賞受賞。

著書に『イエス伝』（中央公論新社）、『魂にふれる 大震災と、生きている死者』（トランスビュー）、『生きる哲学』（文春新書）、『霊性の哲学』（角川選書）、『悲しみの秘義』（ナナロク社・文春文庫）、『内村鑑三 悲しみの使徒』（岩波新書）、『種まく人』『詩集 幸福論』『詩集 燃える水滴』『常世の花 石牟礼道子』（以上、亜紀書房）、『NHK出版 学びのきほん 考える教室 大人のための哲学入門』『詩と出会う 詩と生きる』（NHK出版）など多数。

本を読めなくなった人のための読書論

2019年10月7日　初版第1刷発行
2020年7月15日　第3刷発行

著者　若松英輔

発行者　株式会社亜紀書房
〒101-0051 東京都千代田区神田神保町1-32
電話(03)5280-0261
振替00100-9-144037
http://www.akishobo.com

装丁　坂川栄治+鳴田小夜子（坂川事務所）

DTP　コトモモ社

印刷・製本　株式会社トライ
http://www.try-sky.com

Printed in Japan
乱丁本・落丁本はお取り替えいたします。

若松英輔の本

生きていくうえで、かけがえのないこと　1300円＋税

言葉の贈り物　1500円＋税

言葉の羅針盤　1500円＋税

種まく人　1500円＋税

常世の花　石牟礼道子

1500円＋税

詩集　見えない涙

詩歌文学館賞受賞

1800円＋税

詩集　幸福論

1800円＋税

詩集　燃える水滴

1800円＋税